Mexiko

Copyright © 2019

Dieses Reisetagebuch gehört

_____

Meine **Mexiko** Reise

_____ BIS _____

Vorwort

Es freut uns sehr, dass du dieses *JetLagJournals Reisetagebuch* in deinen Händen hältst. Auf deiner Reise wird es ein treuer Begleiter sein!

Hier ein paar Informationen zu diesem Tagebuch, denn es ist in drei Bereiche aufgegliedert:

Der erste Bereich dreht sich um die Zeit VOR deinem Reiseantritt.

Der zweite Teil beginnt mit einem Inhaltsverzeichnis. Von Seite 10 bis Seite 100 hast du die Möglichkeit, frei deine Gedanken WÄHREND deiner Reise niederzuschreiben. Auf jeder Seite gibt es eine Zeile für einen Datumseintrag, damit du die Erlebnisse zeitlich besser zuordnen kannst.

Ab Seite 101 konzentrierst du dich auf bestimmte Bereiche zu deiner Reise. Durch die Fragen kannst du dir intensiver zu bestimmten Themen Gedanken machen und deine Erfahrungen niederschreiben.

Dieses Tagebuch hilft dir, deine Reiseerlebnisse zu verewigen und auf sie zuzugreifen, wann immer du es möchtest.

Hab eine schöne Zeit in **Mexiko**!

Worauf ich mich am meisten freue

- _____
- _____
- _____
- _____
- _____
- _____
- _____

Was ich vor meiner Reise erledigen muss

☐ _____

☐ _____

☐ _____

☐ _____

☐ _____

☐ _____

☐ _____

Packliste

- [ ] _____
- [ ] _____
- [ ] _____
- [ ] _____
- [ ] _____
- [ ] _____
- [ ] _____
- [ ] _____
- [ ] _____
- [ ] _____
- [ ] _____
- [ ] _____
- [ ] _____
- [ ] _____
- [ ] _____

Was ich in **Mexiko** unbedingt sehen muss

_____

_____

_____

_____

_____

_____

_____

Was mir von anderen empfohlen wurde

_____

_____

_____

_____

_____

_____

Hinreise

Rückreise

Unterkunft

Sonstiges

Wichtige Adressen und Rufnummern

Name   _____

Anschrift   _____

Telefon   _____

Email   _____

Name   _____

Anschrift   _____

Telefon   _____

Email   _____

Name   _____

Anschrift   _____

Telefon   _____

Email   _____

Letzte Notizen vor der Abreise

_____

_____

_____

_____

_____

_____

_____

_____

_____

_____

_____

Auf Geht's!

Inhaltsverzeichnis

Seite	Inhalt

Inhaltsverzeichnis

Seite	Inhalt

_____

Interessante Menschen, die ich getroffen habe

Meine Gedanken über die Kultur in **Mexiko**

_____

_____

_____

_____

_____

_____

_____

_____

_____

_____

_____

_____

_____

Meine Gedanken über Natur, Landschaft, Kunst und Architektur

Meine Gedanken über das Wetter

Meine Gedanken über das Essen in **Mexiko**

Was an meiner Reise gut war

_____

_____

_____

_____

_____

_____

Was an meiner Reise nicht so gut war

_____

_____

_____

_____

_____

_____

Bewertungen

Bewertung über _____

☆ ☆ ☆ ☆ ☆

_____

_____

_____

_____

_____

Bewertung über _____

☆ ☆ ☆ ☆ ☆

_____

_____

_____

_____

_____

Bewertungen

Bewertung über _____

☆ ☆ ☆ ☆ ☆

_____

_____

_____

_____

_____

Bewertung über _____

☆ ☆ ☆ ☆ ☆

_____

_____

_____

_____

_____

Bewertungen

Bewertung über _____

☆ ☆ ☆ ☆ ☆

_____

_____

_____

_____

_____

Bewertung über _____

☆ ☆ ☆ ☆ ☆

_____

_____

_____

_____

_____

Meine Lieblingssehenswürdigkeit

Mein Lieblingsrestaurant

Gericht, das mir am meisten geschmeckt hat

Getränk, das mir am meisten geschmeckt hat

Worte und Sätze, die ich oft gehört habe

Was ich vermissen werde

Was sonst noch nennenswert ist

_____

_____

_____

_____

_____

_____

_____

_____

_____

_____

_____

Würde ich wieder nach **Mexiko** reisen?

Ja ☐   Nein ☐   Vielleicht ☐

Die schönsten Erinnerungen aus meiner Zeit in **Mexiko**

_____

_____

_____

_____

_____

_____

_____

_____

_____

_____

_____

_____

_____

Platz zum Einkleben von Fotos und Eintrittskarten

Platz zum Einkleben von Fotos und Eintrittskarten

Folge uns auf Instagram!

jetlagjournals_de

Teile deine Urlaubsbilder zusammen mit deinem
Reisetagebuch und inspiriere andere!

Markiere uns auf Instagram, um auf unserer Seite
gefeatured zu werden!

#jetlagjournals_de

JetLagJournals · Reisetagebücher vertreten durch SD International Inc.
11227 162A Ave · T5X 1Z9 Edmonton · Kanada ·
sd.international.inc@gmail.com

Printed in Poland
by Amazon Fulfillment
Poland Sp. z o.o., Wrocław

16141397R00069